Picture Dictionary

ENGLISH/ FILIPINO

More than 325 Essential Words

Dylanna Press

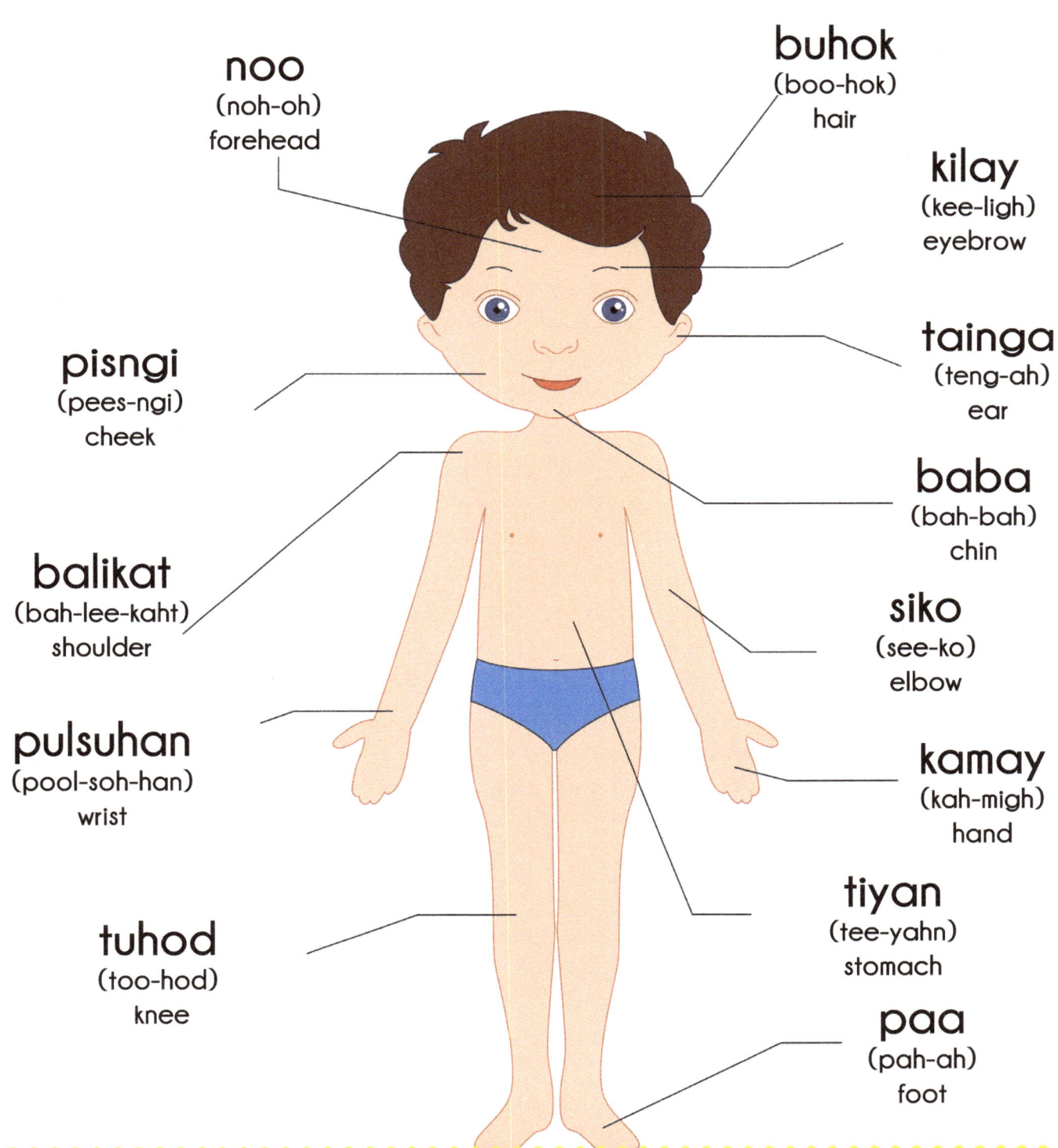

AKING BAHAY
(AH-king BAH-hay)

my house

sala
(SAH-lah)

living room

kusina
(koo-SEE-nah)

kitchen

silid-tulugan
(see-LEED too-LOO-gahn)

bedroom

banyo
(BAHN-yoh)

bathroom

hagdan
(HAHG-dahn)

stairs

bintana
(bin-TAH-nah)

window

apuyan
(ah-poo-YAHN)

fireplace

pinto
(peen-TOH)

door

sopa
(SOH-pah)

couch

upuan
(oo-poo-AHN)

chair

mesa
(MEH-sah)

table

lampara
(lahm-PAH-rah)

lamp

telebisyon
(teh-leh-BISH-yohn)

television

tokador
(toh-kah-DOR)

dresser

mesa ng trabaho
(MEH-sah nang tra-BA-ho)

desk

estante ng mga libro
(eh-STAHN-teh ngahng MAH-ngah LEE-broh)

bookcase

bangkito
(bang-KEE-toh)

stool

SA SILID-TULUGAN

(sah see-LEED too-LOO-gahn)

In the bedroom

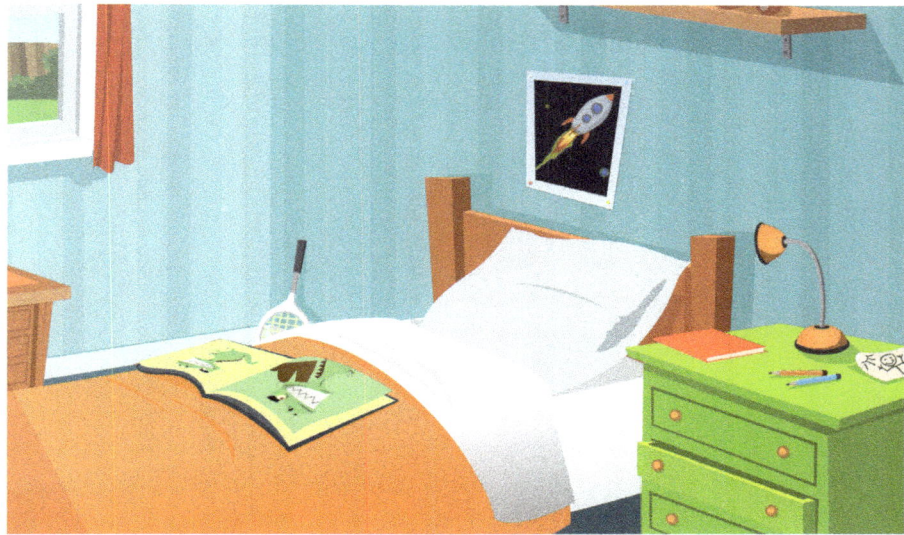

kama
(KAH-mah)

bed

unan
(OO-nahn)

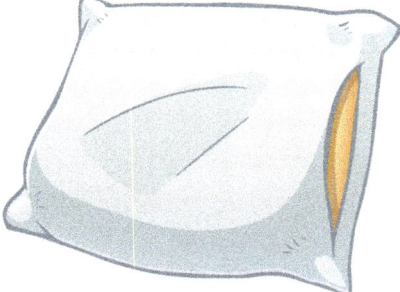

pillow

kumot
(KOO-moht)

blanket

aparador
(ah-pah-rah-DOR)

wardrobe

orasan
(oh-rah-SAHN)

clock

salamin
(sah-lah-MEEN)

mirror

KUSINA
(koo-SEE-nah)

kitchen

pridyeder
(prid-yeh-DER)

refrigerator

kalan
(kah-LAHN)

stove

mangkok
(mang-KOHK)

bowl

tasa
(TAH-sah)

cup

baso
(BAH-soh)

glass

sangkalan
(sang-KAH-lahn)

cutting board

kutsilyo
(koot-SEEL-yoh)

knife

tinidor
(tee-nee-DOR)

fork

takure
(tah-KOO-reh)

kettle

kawali
(kah-wah-LEE)

pan

kaldero
(kahl-DEH-roh)

pot

plato
(PLAH-toh)

plate

kutsara
(koot-SAH-rah)

spoon

takure
(tah-KOO-reh)

teapot

pambati
(pahm-BAH-tee)

whisk

makinang panghugas
(mah-KEE-nahng pahng-HOO-gahs)

dishwasher

mikropono
(mee-kroh-POH-noh)

microwave

BANYO
(BAHN-yoh)

bathroom

batya
(BAHT-yah)

bathtub

sabon
(sah-BOHN)

soap

sepilyo
(see-PEEL-yoh)

brush

bula
(BOO-lah)

bubbles

suklay
(SOOK-lie)

comb

gripo
(GREE-poh)

faucet

timbangan
(teem-BAH-ngahn)

scale

shampoo
(SHAM-poo)

shampoo

dutsa
(DOOT-sah)

shower

lababo
(lah-BAH-boh)

sink

espongha
(es-PONG-hah)

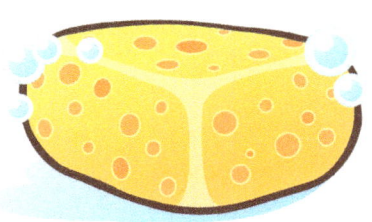

sponge

tisyu
(TEE-shoo)

tissue

inidoro
(ee-nee-DOH-roh)

toilet

sipilyo
(see-PEEL-yoh)

toothbrush

tutpeyst
(TOOT-peyst)

toothpaste

tuwalya
(too-WAHL-yah)

towel

papel de banyo
(pah-PEL de BAHN-yoh)

toilet paper

AKING MGA DAMIT
(AH-king MAH-ngah dah-MIT)
My Clothes

sinturon
(seen-too-ROHN)

belt

damit na panligo
(dah-MIT nah pahn-LEE-goh)

swimsuit

blusa
(BLOO-sah)

b ouse

bota
(BOH-tah)

boots

amerikana
(ah-meh-ree-KAH-nah)

coat

bestida
(bes-TEE-dah)

dress

guwantes
(GWAN-tes)

gloves

dyaket
(JAH-ket)

jacket

sombrero
(sohm-BREH-roh)

hat

maong
(mah-OHNG)

jeans

kurbata
(koor-BAH-tah)

necktie

pantalon
(pahn-tah-LOHN)

pants

oberol
(OH-beh-rohl)

overalls

pitaka
(pee-TAH-kah)

purse

padyama
(pah-DYAH-mah)

pajamas

bandana
(bahn-DAH-nah)

scarf

salawal
(sah-lah-WAHL)

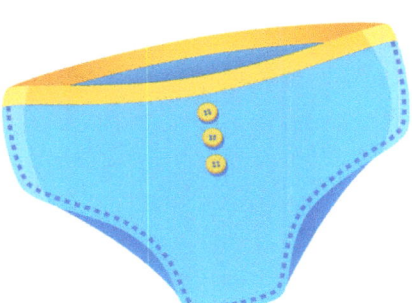

underwear

sapatos
(sah-PAH-tos)

shoes

palda
(PAL-dah)

skirt

tenis
(TEH-nis)

sneakers

medyas
(MED-yahs)

socks

salaming pang-araw
(sah-lah-MING pang-AH-rahw)

sunglasses

panglamig
(pang-lah-MEEG)

sweater

kamiseta
(kah-mee-SEH-tah)

T shirt

leggings
(LEH-gings)

tights

panlangoy
(pahn-lah-NGOY)

swim trunks

pang-ehersisyo
(pang-eh-HER-see-syo)

sweatshirt

PAGKAIN
(pahg-KAH-een)

Food

kamatis
(kah-MAH-tees)

tomato

pakwan
(pahk-WAHN)

watermelon

mansanas
(mahn-SAH-nas)

apple

kahel
(kah-HEL)

orange

saging
(SAH-ging)

banana

presa
(PREH-sah)

strawberries

limon
(lee-MOHN)

lemon

peras
(PEH-ras)

pear

ensalada
(en-sah-LAH-dah)

salad

keso
(KEH-soh)

cheese

manok
(mah-NOHK)

chicken

mga pamilihin
(mah-NGAH pah-mee-LEE-hin)

groceries

pankeyk
(pah-NEH-kek)

pancakes

sanwits
(SAN-wits)

sandwich

ispageti
(es-pah-GEH-tee)

spaghetti

tostadong tinapay
(tos-TAH-dohng tee-NAH-pie)

toast

mais
(mah-EES)

corn

mantikilya
(mahn-tee-KEEL-yah)

butter

kanin
(KAH-nin)

rice

keyk
(KEYK)

cake

mani
(mah-NEE)

nuts

itlog
(eet-LOG)

egg

patatas
(pah-TAH-tas)

potatoes

tinapay
(tee-NAH-pie)

bread

tsitsirya
(cheet-CHEER-yah)

chips

kukis
(KOO-kees)

cookies

popcorn
(POP-korn)

popcorn

pries
(PRAY-es)

french fries

sorbetes
(sor-BEH-tes)

ice cream

karot
(kah-ROT)

carrot

pitsa
(PEET-sah)

pizza

brokoli
(BROH-koh-lee)

broccoli

gatas
(GAH-tas)

milk

sibuyas
(see-BOO-yahs)

onion

pabo
(PAH-boh)

turkey

MGA HAYOP

(mah-NGAH HAH-yop)

Animals

ibon
(EE-bon)

bird

pusa
(POO-sah)

cat

aso
(AH-soh)

dog

pato
(PAH-toh)

duck

elepante
(eh-leh-PAHN-teh)

elephant

soro
(SOH-roh)

fox

pabo
(PAH-boh)

turkey

balyena
(bal-YEH-nah)

whale

panda
(PAHN-dah)

panda

palaka
(pah-lah-KAH)

frog

kuwago
(koo-WAH-goh)

owl

kuneho
(koo-NEH-hoh)

rabbit

tandang
(tahn-DANG)

rooster

unggoy
(oong-GOY)

monkey

baboy
(BAH-boy)

pig

pagong
(pah-GOHNG)

turtle

hipopotamo
(hee-poh-POH-tah-moh)

hippopotamus

dyirap
(jee-RAHP)

giraffe

kamelyo
(kah-MEL-yoh)

camel

lobo
(LOH-boh)

wolf

sebra
(SEH-brah)

zebra

isda
(ees-DAH)

fish

baka
(BAH-kah)

cow

tupa
(TOO-pah)

sheep

kambing
(kahm-BING)

goat

kabayo
(kah-BAH-yoh)

horse

tigre
(TEE-greh)

tiger

suso
(SOO-soh)

snail

pinguino
(ping-GEE-noh)

penguin

gorilya
(goh-REEL-yah)

gorilla

PAARALAN
(pah-ah-rah-LAHN)

eskuwelabus
(es-KWEH-lah-bus)

guro
(GOO-roh)

school

school bus

teacher

krayola
(kra-YOH-lah)

pandikit
(pahn-dee-KEET)

mga kuwaderno
(mah-NGAH koo-WA-dehr-noh)

crayons

glue

notebooks

pintura
(peen-TOO-rah)

lapis
(LAH-pees)

globo
(GLOH-boh)

paint

pencil

globe

bag
(BAG)

backpack

bolpen
(BOL-pen)

pen

ruler
(ROO-ler)

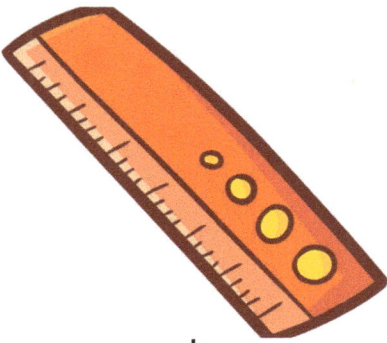

ruler

kalkulador
(kahl-koo-lah-DOR)

calculator

gunting
(GOON-ting)

scissors

isteypler
(ee-STAY-pler)

stapler

libro
(LEE-broh)

book

lamesa
(lah-MEH-sah)

desk

estudyante
(es-too-DYAN-teh)

student

PANAHON
(pah-nah-hon)

weather

ulap
(oo-lahp)

cloud

kidlat
(keed-laht)

lightning

ulan
(oo-lahn)

rain

niyebe
(nyeh-beh)

snow

araw
(ah-row)

sun

buhawi
(boo-hah-wee)

tornado

hangin
(hah-ngin)

wind

bahaghari
(bah-hag-hah-ree)

rainbow

MGA PANAHON – THE SEASONS

taglamig
(tag-lah-meeg)

winter

tagsibol
(tag-see-bol)

spring

tag-araw
(tag-ee-neet)

summer

taglagas
(tag-lah-gahs)

autumn

TRANSPORTASYON
(trahns-pohr-tah-syohn)
transportation

eroplano
(eh-roh-plah-noh)

airplane

ambulansya
(am-boo-lan-syah)

ambulance

bisikleta
(bee-seek-leh-tah)

bicycle

bangka
(bang-kah)

boat

bus
(boos)

bus

kotse
(kot-seh)

car

trak ng bumbero
(trak nang boom-beh-roh)

firetruck

helikopter
(heh-lee-kop-ter)

helicopter

motorsiklo
(mo-tor-seek-loh)

motorcycle

kotseng pulis
(kot-seng poo-lees)

police car

raket
(rah-ket)

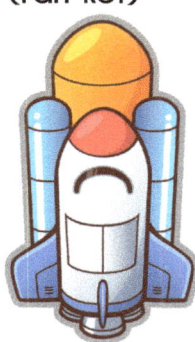

rocket

iskuter
(ees-koo-ter)

scooter

barko
(bar-koh)

ship

submarino
(soob-mah-ree-noh)

submarine

traktor
(trak-tor)

tractor

tren
(tren)

train

trak
(trak)

truck

karitela
(kah-ree-teh-lah)

wagon

ISPORTS – SPORTS
(ees-ports)

guwantes
(goo-wan-tes)

beysbol
(beys-BOL)

basketbol
(bas-KET-bol)

glove

baseball

basketball

iskeytbord
(ees-keyt-bord)

raketa ng tenis
(rah-keh-tah nang ten-nees)

sipol
(see-pol)

skateboard

tennis racket

whistle

boksing
(BOK-sing)

boxing

pangingisda
(pang-gee-nees-dah)

fishing

Amerikanong putbol
(ah-meh-ree-kah-nohng poot-bol)

football

golp
(golp)

golf

pag-i-isketing
(pag-ee-is-ke-ting)

skating

karate
(kah-rah-teh)

karate

saker
(sah-ker)

soccer

paglalayag
(pag-lah-lah-yag)

sailing

tenis
(ten-nees)

tennis

MGA PANDIWA
(mang-ah pan-dee-wah)
Action Words

gumagapang
(goo-mah-gah-pang)

crawl

umaakyat
(oo-mah-ahk-yat)

climb

umiiyak
(oo-mee-ee-yak)

cry

umiinom
(oo-mee-ee-nom)

drink

kumakain
(koo-mah-kah-een)

eat

tumatalon
(too-mah-tah-lon)

jump

tumatawa
(too-mah-tah-wah)

laugh

nakikinig
(nah-kee-kee-nig)

listen

nagbabasa
(nag-bah-bah-sah)

read

tumatakbo
(too-mah-tahk-boh)

run

umupo
(oo-moo-oo-poh)

sit

natutulog
(nah-too-too-log)

sleep

tumatayo
(too-ma-ta-yo)

stand

nagsasalita
(nag-sah-sah-lee-tah)

talk

naglalakad
(nag-lah-lah-kahd)

walk

bumulong
(boo-moo-long)

whisper

yumakap
(yu-ma-ya-kap)

hug

tumalbog
(too-mal-bog)

bounce

EMOSYON – EMOTIONS
(e-mos-YON)

natatakot
(na-ta-ta-kot)

afraid

nag-uusisa
(nag-oo-oo-see-sa)

curious

malungkot
(ma-loong-kot)

sad

galit
(ga-LEET)

angry

nagulat
(na-goo-lat)

surprised

masaya
(ma-sa-YA)

happy

MAGKASALUNGAT – OPPOSITES
(mag-ka-sa-LU-ngat)

marumi (ma-roo-mee) **malinis** (ma-lee-nees) **sarado** (sa-RA-do) **buksan** (book-SAHN)

dirty — clean — closed — open

malamig (ma-la-MIG) **mainit** (ma-ee-neet) **liwanag** (lee-WAH-nahg) **madilim** (ma-dee-leem)

cold — hot — light — dark

MAGKASALUNGAT – OPPOSITES

matanda (ma-tan-da)   **bata** (BA-ta)   **mabigat** (ma-bi-GAT)   **magaan** (ma-ga-AN)

old   young   heavy   light

maingay (ma-ee-ngay)   **tahimik** (ta-hee-mik)   **pababa** (pa-ba-BA)   **pataas** (pa-ta-AS)

loud   quiet   down   up

MAGKASALUNGAT – OPPOSITES

tuyo	basa	malambot	matigas
(too-yo)	(ba-SA)	(ma-lam-BOT)	(ma-tee-gas)

dry	wet	soft	hard

hila	tulak	sa ibabaw	sa ilalim
(hee-la)	(too-lak)	sa ee-ba-baw	(sa ee-la-lim)

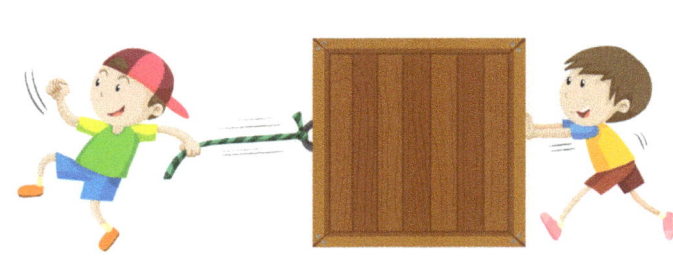 

pull	push	above	below

MGA PAGBATI – GREETINGS

kamusta	paalam	magandang umaga	magandang gabi
(ka-MUS-ta)	(pa-A-lam)	(ma-gan-DANG u-MA-ga)	(ma-gan-DANG ga-BI)

hello | goodbye | good morning | good night

oo	hindi	pakiusap	salamat
(O-o)	(hin-dee)	(pa-kee-u-sap)	(sa-LA-mat)

yes | no | please | thank you

MGA ARAW NG LINGGO – DAYS OF THE WEEK

 Lunes
(loo-nes)

 Biyernes
(bee-yer-nes)

 Martes
(mar-TES)

 Sabado
(SA-ba-do)

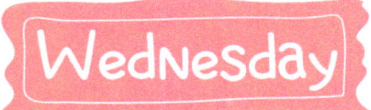 Miyerkules
(mi-YER-ku-les)

 Linggo
(ling-GO)

 Huwebes
(hoo-weh-bes)

MGA BUWAN – MONTHS

Enero
(e-NE-ro)

Pebrero
(Peb-RE-ro)

Marso
(MAR-so)

Abril
(a-BREEL)

Mayo
(MA-yo)

Hunyo
(hoon-yo)

Hulyo
(HUL-yo)

Agosto
(a-GOS-to)

Setyembre
(set-YEM-bre)

Oktubre
(ok-too-bre)

Nobyembre
(no-BYEM-bre)

Disyembre
(di-SYEM-bre)

MGA HUGIS – SHAPES
(muhng-GAH HOO-gees)

bilog
(bee-log)

diyamante
(di-ya-MAN-te)

parihaba
(pa-ri-HA-ba)

circle   diamond   rectangle

parisukat
(pa-ri-soo-kat)

bituin
(bi-twin)

tatsulok
(tat-soo-lok)

  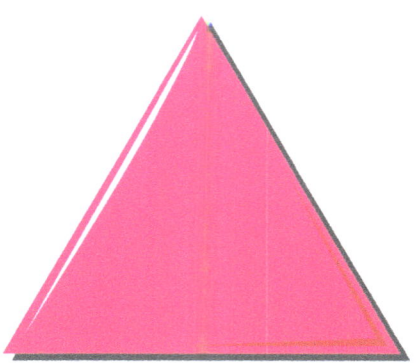

square   star   triangle

NÚMEROS – NUMBERS
(noo-meh-rohs)

isa	dalawa	tatlo	apat	lima
(i-SA)	(dah-lah-WAH)	(taht-LOH)	(AH-paht)	(lee-MAH)

one — two — three — four — five

anim	pito	walo	siyam	sampu
(AH-neem)	(pee-TOH)	(wah-LOH)	(see-YAHM)	(sam-POO)

six — seven — eight — nine — ten

ALPABETO – ALPHABET

(ahl-pah-BEH-toh)

A - a (ah)	K - ka (kah)	S - sa (sah)
B - ba (bah)	L - la (lah)	T - ta (tah)
C - sa (sah)	M - ma (mah)	U - u (oo)
D - da (dah)	N - na (nah)	V - va (vah)
E - e (eh)	Ñ - enye (ehn-yeh)	W - wa (wah)
F - fa (fah)	Ng - nga (ngah)	X - eks (ehks)
G - ga (gah)	O - o (oh)	Y - ya (yah)
H - ha (hah)	P - pa (pah)	Z - za (zah)
I - i (ee)	Q - kwa (kwah)	
J - ha (hah)	R - ra (rah)	

Filipino-English Word List

Abril	April	**baso**	glass
Agosto	August	**bata**	young
ahas	snake	**batya**	bathtub
aklatan	library	**berde**	green
ama	father	**bestida**	dress
ambulansya	ambulance	**beysbol**	baseball
amerikana	coat	**bibig**	mouth
anim	six	**bilog**	circle
aparador	dresser	**bintana**	window
aparador	wardrobe	**binti**	leg
apat	four	**bisikleta**	bicycle
apuyan	fireplace	**bituin**	star
araw	sun	**Biyernes**	Friday
ardilya	squirrel	**blusa**	blouse
aso	dog	**boksing**	boxing
asul	blue	**bota**	boots
baba	chin	**braso**	arm
baboy	pig	**brokoli**	broccoli
bag	backpack	**buhawi**	tornado
bahaghari	rainbow	**buhok**	hair
bahay	house	**buksan**	open
baka	cow	**bula**	bubbles
balikat	shoulder	**bumulong**	whisper
balyena	whale	**bus**	bus
bandana	scarf	**bus ng paaralan**	schoolbus
bangka	boat	**buwaya**	alligator
bangkito	stool	**daga**	mouse
banyo	bathroom	**dalandan**	orange (fruit)
barko	ship	**dalawa**	two
basa	wet	**daliri**	finger
basahin	read	**daliri sa paa**	toe
basketbol	basketball	**damit**	clothes

Filipino-English Word List

damit na panligo	swimsuit	**Hulyo**	July
dibdib	chest	**Hunyo**	June
dilaw	yellow	**Huwebes**	Thursday
Disyembre	December	**ibon**	bird
diyamante	diamond	**ilong**	nose
dutsa	shower	**ina**	mother
dyaket	jacket	**isa**	one
dyirap	giraffe	**isda**	fish
elepante	elephant	**iskeytbord**	skateboard
emosyon	emotions	**iskuter**	scooter
Enero	January	**ispageti**	spaghetti
ensalada	salad	**isports**	sports
eroplano	airplane	**itim**	black
espongha	sponge	**itlog**	egg
estudyante	student	**itulak**	push
galit	angry	**kabayo**	horse
gatas	milk	**kahel**	orange (color)
globo	globe	**kalan**	stove
golp	golf	**kaldero**	pot
gorilya	gorilla	**kalkulador**	calculator
gripo	faucet	**kama**	bed
gumagapang	crawling	**kamatis**	tomato
gunting	scissors	**kamay**	hand
guro	teacher	**kambing**	goat
guwantes	gloves	**kamelyo**	camel
hagdan	stairs	**kamiseta**	shirt
hangin	wind	**kamiseta**	t-shirt
helikopter	helicopter	**kamusta**	hello
higit	above	**kanin**	rice
hilahin	pull	**kapatid na babae**	sister
hindi	no	**kapatid na lalaki**	brother
hipopotamo	hippopotamus	**karate**	karate

Filipino-English Word List

kariton	wagon
karot	carrot
katawan	body
kawali	pan
keso	cheese
keyk	cake
kidlat	lightning
kilay	eyebrow
kotse	car
kotseng pulis	police car
krayola	crayons
kubeta	toilet
kukis	cookies
kumakain	eating
kumot	blanket
kuneho	rabbit
kurbata	necktie
kusina	kitchen
kutsara	spoon
kutsilyo	knife
kuwago	owl
lababo	sink
lagayan ng aklat	bookcase
lampara	lamp
lapis	pencil
leeg	neck
leggings	tights
leon	lion
libro	book
lila	purple
lima	five
limon	lemon
Linggo	Sunday
liwanag	light (opposite of dark)
lobo	wolf
lola	grandmother
lolo	grandfather
luma	old
Lunes	Monday
mabigat	heavy
madilim	dark
magaan	light (opposite of heavy)
magandang gabi	good night
magandang umaga	good morning
magkasalungat	opposites
mainit	hot
mais	corn
makinang panghugas	dishwasher
malakas	loud
malakas	strong
malambot	soft
malamig	cold
malinis	clean
malungkot	sad
mangkok	bowl
mani	nuts
manok	chicken
mansanas	apple
mantikilya	butter
maong	jeans
Marso	March

Filipino-English Word List

Martes	Tuesday	**orasan**	clock
marumi	dirty	**oso**	bear
masaya	happy	**paa**	foot
mata	eye	**paalam**	goodbye
matigas	hard	**paaralan**	school
mausisa	curious	**pababa**	down
Mayo	May	**pabo**	turkey
medyas	socks	**pag-akyat**	climbing
mesa	table	**pag-i-isketing**	skating
mesa ng trabaho	desk	**pagkain**	food
mga hayop	animals	**paglalayag**	sailing
mga hugis	shapes	**pagong**	turtle
mga kulay	colors	**pakiusap**	please
mga kuwaderno	notebooks	**pakwan**	watermelon
mga numero	numbers	**palaka**	frog
mga pamilihin	groceries	**palda**	skirt
mga panahon	seasons	**pamalo**	ruler
microwave	microwave	**pamilya**	family
Miyerkules	Wednesday	**panahon**	weather
motorsiklo	motorcycle	**panda**	panda
mukha	face	**pandikit**	glue
nagsasalita	talking	**pang-ehersisyo**	sweatshirt
nagulat	surprised	**panghalo**	whisk
nakatayo	standing	**pangingisda**	fishing
nakikinig	listening	**panglamig**	sweater
natutulog	sleeping	**pangtulog**	pajamas
niyebe	snow	**pankeyk**	pancakes
Nobyembre	November	**panlangoy**	swim trunks
noo	forehead	**pantalon**	pants
oberol	overalls	**panulat**	pen
Oktubre	October	**papel de banyo**	toilet paper
oo	yes	**parihaba**	rectangle

Filipino-English Word List

parisukat	square	salamat	thank you
pataas	up	salamin	mirror
patatas	potatoes	salaming pang-araw	sunglasses
pato	duck	salas	living room
Pebrero	February	salawal	underwear
pengwin	penguin	sampu	ten
peras	pear	sangkalan	cutting board
pinsan	cousin (female)	sanwits	sandwich
pinsan	cousin (male)	sapatos	shoes
pinto	door	sapatos na pang-isport	sneakers
pintura	paint	sarado	closed
pisngi	cheek	sebra	zebra
pitaka	purse	sepilyo	brush
pito	seven	Setyembre	September
pizza	pizza	shampoo	shampoo
plato	plate	sibuyas	onion
popcorn	popcorn	siko	elbow
presa	strawberries	silid-tulugan	bedroom
pritong patatas	french fries	sinturon	belt
pula	red	sipilyo	toothbrush
pulsuhan	wrist	sipol	whistle
pusa	cat	siyam	nine
putbol	football	soccer	soccer
puti	white	sombrero	hat
raket ng tenis	tennis racket	sopa	couch
refrigerator	refrigerator	sorbetes	ice cream
rocket	rocket	soro	fox
rosas	pink	stapler	stapler
sa ilalim	below	submarino	submarine
Sabado	Saturday	suklay	comb
sabon	soap	suso	snail
saging	banana		

Filipino-English Word List

tag-araw	summer	**tumalbog**	bounce
taglagas	autumn	**tumalon**	jump
taglamig	winter	**tupa**	sheep
tagsibol	spring	**tutpeyst**	toothpaste
tahimik	quiet	**tuwalya**	towel
tainga	ear	**tuyo**	dry
takot	afraid	**ulan**	rain
takure	kettle	**ulap**	cloud
takure	teapot	**ulo**	head
tandang	rooster	**umiyak**	cry
tasa	cup	**umupo**	sit
tatlo	three	**unan**	pillow
tatsulok	triangle	**unggoy**	monkey
tawa	laugh	**upuan**	chair
telebisyon	television	**usa**	moose
tenis	tennis	**walo**	eight
tigre	tiger	**yakap**	hugging
timbangan	scale		
tinapay	bread		
tinidor	fork		
tisyu	tissue		
tiya	aunt		
tiyan	stomach		
tiyuhin	uncle		
tostado	toast		
trak	truck		
trak ng bumbero	fire truck		
traktora	tractor		
transportasyon	transportation		
tren	train		
tsitsirya	chips		
tuhod	knee		

English-Filipino Word List

above	higit	book	libro
afraid	takot	bookcase	lagayan ng aklat
airplane	eroplano	boots	bota
alligator	buwaya	bounce	tumalbog
ambulance	ambulansya	bowl	mangkok
angry	galit	boxing	boksing
animals	mga hayop	bread	tinapay
apple	mansanas	broccoli	brokoli
April	Abril	brother	kapatid na lalaki
arm	braso	brush	sepilyo
August	Agosto	bubbles	bula
aunt	tiya	bus	bus
autumn	taglagas	butter	mantikilya
backpack	bag	cake	keyk
banana	saging	calculator	kalkulador
baseball	beysbol	camel	kamelyo
basketball	basketbol	car	kotse
bathroom	banyo	carrot	karot
bathtub	batya	cat	pusa
bear	oso	chair	upuan
bed	kama	cheek	pisngi
bedroom	silid-tulugan	cheese	keso
below	sa ilalim	chest	dibdib
belt	sinturon	chicken	manok
bicycle	bisikleta	chin	baba
bird	ibon	chips	tsitsirya
black	itim	circle	bilog
blanket	kumot	clean	malinis
blouse	blusa	climbing	pag-akyat
blue	asul	clock	orasan
boat	bangka	closed	sarado
body	katawan	clothes	damit

English-Filipino Word List

cloud	ulap	egg	itlog
coat	amerikana	eight	walo
cold	malamig	elbow	siko
colors	mga kulay	elephant	elepante
comb	suklay	emotions	emosyon
cookies	kukis	eye	mata
corn	mais	eyebrow	kilay
couch	sopa	face	mukha
cousin	pinsan	family	pamilya
cow	baka	father	ama
crawling	gumagapang	faucet	gripo
crayons	krayola	February	Pebrero
cry	umiyak	finger	daliri
cup	tasa	fire truck	trak ng bumbero
curious	mausisa	fireplace	apuyan
cutting board	sangkalan	fish	isda
dark	madilim	fishing	pangingisda
December	Disyembre	five	lima
desk	mesa ng trabaho	food	pagkain
diamond	diyamante	foot	paa
dirty	marumi	football	putbol
	makinang	forehead	noo
dishwasher	panghugas	fork	tinidor
dog	aso	four	apat
door	pinto	fox	soro
down	pababa	french fries	pritong patatas
dress	bestida	Friday	Biyernes
dresser	aparador	frog	palaka
dry	tuyo	giraffe	dyirap
duck	pato	glass	baso
ear	tainga	globe	globo
eating	kumakain	gloves	guwantes

English-Filipino Word List

glue	pandikit	karate	karate
goat	kambing	kettle	takure
golf	golp	kitchen	kusina
good morning	magandang umaga	knee	tuhod
good night	magandang gabi	knife	kutsilyo
goodbye	paalam	lamp	lampara
gorilla	gorilya	laugh	tawa
grandfather	lolo	leg	binti
grandmother	lola	lemon	limon
green	berde	library	aklatan
groceries	mga pamilihin	light (opposite of dark)	liwanag
hair	buhok	light (opposite of heavy)	magaan
hand	kamay	lightning	kidlat
happy	masaya	lion	leon
hard	matigas	listening	nakikinig
hat	sombrero	living room	salas
head	ulo	loud	malakas
heavy	mabigat	March	Marso
helicopter	helikopter	May	Mayo
hello	kamusta	microwave	microwave
hippopotamus	hipopotamo	milk	gatas
horse	kabayo	mirror	salamin
hot	mainit	Monday	Lunes
house	bahay	monkey	unggoy
hugging	yakap	moose	usa
ice cream	sorbetes	mother	ina
jacket	dyaket	motorcycle	motorsiklo
January	Enero	mouse	daga
jeans	maong	mouth	bibig
July	Hulyo	neck	leeg
jump	tumalon		
June	Hunyo		

English-Filipino Word List

necktie	kurbata	**plate**	plato
nine	siyam	**please**	pakiusap
no	hindi	**police car**	kotseng pulis
nose	ilong	**popcorn**	popcorn
notebooks	mga kuwaderno	**pot**	kaldero
November	Nobyembre	**potatoes**	patatas
numbers	mga numero	**pull**	hilahin
nuts	mani	**purple**	lila
October	Oktubre	**purse**	pitaka
old	luma	**push**	itulak
one	isa	**quiet**	tahimik
onion	sibuyas	**rabbit**	kuneho
open	buksan	**rain**	ulan
opposites	magkasalungat	**rainbow**	bahaghari
orange (color)	kahel	**read**	basahin
orange (fruit)	dalandan	**rectangle**	parihaba
overalls	oberol	**red**	pula
owl	kuwago	**refrigerator**	refrigerator
paint	pintura	**rice**	kanin
pajamas	pangtulog	**rocket**	rocket
pan	kawali	**rooster**	tandang
pancakes	pankeyk	**ruler**	pamalo
panda	panda	**sad**	malungkot
pants	pantalon	**sailing**	paglalayag
pear	peras	**salad**	ensalada
pen	panulat	**sandwich**	sanwits
pencil	lapis	**Saturday**	Sabado
penguin	pengwin	**scale**	timbangan
pig	baboy	**scarf**	bandana
pillow	unan	**school**	paaralan
pink	rosas	**schoolbus**	bus ng paaralan
pizza	pizza	**scissors**	gunting

English-Filipino Word List

scooter	iskuter	sports	isports
seasons	mga panahon	spring	tagsibol
September	Setyembre	square	parisukat
seven	pito	squirrel	ardilya
shampoo	shampoo	stairs	hagdan
shapes	mga hugis	standing	nakatayo
sheep	tupa	stapler	stapler
ship	barko	star	bituin
shirt	kamiseta	stomach	tiyan
shoes	sapatos	stool	bangkito
shoulder	balikat	stove	kalan
shower	dutsa	strawberries	presa
sink	lababo	strong	malakas
sister	kapatid na babae	student	estudyante
sit	umupo	submarine	submarino
six	anim	summer	tag-araw
skateboard	iskeytbord	sun	araw
skating	pag-i-isketing	Sunday	Linggo
skirt	palda	sunglasses	salaming pang-araw
sleeping	natutulog	surprised	nagulat
snail	suso	sweater	panglamig
snake	ahas	sweatshirt	pang-ehersisyo
sneakers	sapatos na pang-isport	swim trunks	panlangoy
snow	niyebe	swimsuit	damit na panligo
soap	sabon	table	mesa
soccer	soccer	talking	nagsasalita
socks	medyas	teacher	guro
soft	malambot	teapot	takure
spaghetti	ispageti	television	telebisyon
spoon	kutsara	ten	sampu
sponge	espongha	tennis	tenis
		tennis racket	raket ng tenis

English-Filipino Word List

three	tatlo	**transportation**	transportasyon	**wet**	basa
Thursday	Huwebes	**triangle**	tatsulok	**whale**	balyena
tiger	tigre	**truck**	trak	**whisk**	panghalo
tights	leggings	**t-shirt**	kamiseta	**whisper**	bumulong
tissue	tisyu	**Tuesday**	Martes	**whistle**	sipol
toast	tostado	**turkey**	pabo	**white**	puti
toe	daliri sa paa	**turtle**	pagong	**wind**	hangin
toilet	kubeta	**two**	dalawa	**window**	bintana
toilet paper	papel de baryo	**uncle**	tiyuhin	**winter**	taglamig
tomato	kamatis	**underwear**	salawal	**wolf**	lobo
toothbrush	sipilyo	**up**	pataas	**wrist**	pulsuhan
toothpaste	tutpeyst	**wagon**	kariton	**yellow**	dilaw
tornado	buhawi	**wardrobe**	aparador	**yes**	oo
towel	tuwalya	**watermelon**	pakwan	**young**	bata
tractor	traktora	**weather**	panahon	**zebra**	sebra

Published by Dylanna Press an imprint of Dylanna Publishing, Inc.
Copyright © 2024 by Dylanna Press

Editor: Julie Grady

All rights reserved. No part of this publication may be reproduced, stored in a retrieval system, or transmitted by any means, including electronic, mechanical, photocopying, or otherwise, without prior written permission of the publisher.

Although the publisher has taken all reasonable care in the preparation of this book, we make no warranty about the accuracy or completeness of its content and, to the maximum extent permitted, disclaim all liability arising from its use.

www.ingramcontent.com/pod-product-compliance
Lightning Source LLC
Chambersburg PA
CBHW042354070526
44585CB00028B/2933